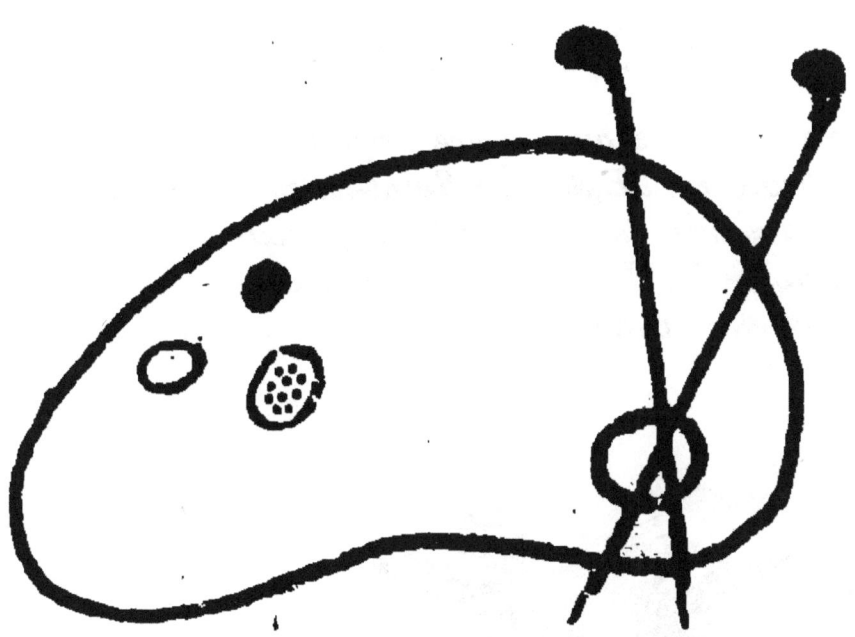

Couvertures supérieure et inférieure
en couleur

ORAISON FUNÈBRE

Prononcée au Service expiatoire, célébré en l'Eglise de Saint-Etienne d'Auxerre, le 21 Juillet 1814, pour Louis XVI, et les quatre autres victimes royales.

A AUXERRE,

De l'Imprimerie de Laurent Fournier.

1814.

ORAISON FUNÈBRE

Prononcée au Service expiatoire, célébré en l'Eglise de Saint-Etienne d'Auxerre, le 21 Juillet 1814, pour Louis XVI et les quatre autres victimes royales.

Lacerata est lex, quia impius prævalet adversùs justum ; proptereà egreditur judicium perversum.

Le pacte le plus saint (celui qui unissait le Peuple à son Roi) a été indignement déchiré; parce que l'impie a prévalu contre le juste, et a porté contre lui une sentence monstrueuse.

Habacuc. 1. 3.

Messieurs,

Tels étaient les sentimens de douleur et d'indignation qu'exprimait l'un des anciens Prophètes, à la vue des excès et des maux de la Nation Juive, livrée à l'esprit de vertige et de rebellion contre l'autorité divine, secouant le joug des lois qui si long temps avaient fait son bonheur, traitant en ennemis les courageux défenseurs de ces mêmes lois, qui osaient la rappeler à son culte, à ses devoirs, en un mot, à l'ordre religieux et social. Eh! de quelles couleurs n'eût-il point chargé ce triste tableau, si, éclairé par l'esprit de Dieu? Il eût vu, dans l'avenir, le premier des peuples chrétiens, proposé pour modèle à tous les autres, fort de ses mœurs, de sa dignité, de sa haute civilisation; s'il eût vu, dis-je, ce peuple profaner tout d'un coup ses divers titres de gloire, déclarer la guerre à ses institutions, et anéantir en quelques jours l'ouvrage de plusieurs siècles? Mais sur tout, eût-il pu jamais égaler les lamentations aux douleurs, si le Seigneur lui eut montré ce même peuple dépouillant d'abord de l'exercice de son autorité son prince, son maître et son père? puis, soumis lui-même à la plus honteuse servitude, sous les noms de liberté et d'indépendance, abandonner à la férocité de ses tyrans le plus juste et le meilleur des Rois, et toute une famille auguste, naguères l'objet de ses plus tendres affections? Enfin la plume du Prophète ne se serait-elle pas refusée à retracer d'avance les scènes d'horreur qui devaient suivre cet épouvantable forfait, et les coupables sermens commandés par le crime à la faiblesse et à la peur, et les chants régicides dont frémissent encore ces voûtes sacrées, et la fidélité vertueuse réduite à cacher sa douleur et ses larmes, osant à peine confier ses déchirans regrets aux murs de ses foyers?

Mais aussi quelles paroles de consolation n'eussent point succédé à ces prédictions funèbres, s'il eût pu annoncer à cette Nation le miracle céleste qui, en terminant ses malheurs avec ceux de ses anciens maîtres, lui permet d'accourir aujourd'hui dans le Temple du Dieu des Chrétiens, de la France et des Bourbons, pour y laisser éclater son deuil et son repentir, faire entendre les chants d'expiation qui doivent la réconcilier avec le Ciel, célébrer enfin avec l'accent de l'admiration, de la douleur et de l'amour, les vertus du Monarque que la voix du Monde entier a proclamée le Roi-Martyr, et les vertus non moins brillantes et non moins pures de quatre autres royales victimes ?

Cependant, Messieurs, près d'acquitter en votre nom la dette sacrée de la Patrie, qui est aussi la dette de notre Cité, une pensée pénible se présente à mon esprit. Hélas ! viendrais-je aujourd'hui, dans cette chaire chrétienne, réveiller des haines et des ressentimens si heureusement éteints ou assoupis ? Viendrais-je manquer ainsi et tout à la fois au devoir sacré de mon ministère, et aux pieuses intentions de l'auguste victime et du Prince généreux en qui nous retrouvons son ame et ses vertus ? Ah ! loin de moi cette coupable pensée; mais, puisque rien désormais ne saurait effacer la mémoire de ces jours de honte et de deuil, du moins qu'ils ne soient pas perdus pour notre instruction et pour celle de nos descendans; du moins, qu'en recueillant vos souvenirs et vos larmes, je puisse, Messieurs, soulager vos cœurs et le mien, offrir à nos Princes chéris un hommage qu'ils ne sauraient dédaigner, et donner, s'il est possible, un nouvel élan aux nobles sentimens qui vous animent, ainsi que tous les vrais Français. Tel est le dessein, Messieurs, du Discours funèbre que nous consacrons à la mémoire de très-hauts, très-puissans, et très-excellens Princes et Princesses, Louis XVI et Louis XVII, Rois de France et de Navarre; Marie-Antoinette-Josèphe-Jeanne de Lorraine, Archiduchesse d'Autriche, Reine de France; Madame Elisabeth-Philippine-Marie-Hélène de France, sœur du Roi; et

Monseigneur LOUIS-ANTOINE-HENRI DE BOURBON-CONDÉ, Duc D'ENGHIEN, Prince du sang royal.

C'ÉTAIT pour la seconde fois que, dans le cours d'un même siècle, la France se voyait enlever ses plus douces et plus chères espérances. En perdant le sage Dauphin et sa vertueuse épouse, elle se crut ramenée aux dernières et désastreuses années du règne de Louis-le-Grand, lorsque la mort inattendue et prématurée du pieux élève de Fénélon vint mettre le comble à ses maux, et lui préparer une longue suite de calamités. Nos pères toutefois se plurent à tromper leur douleur, en songeant aux soins attentifs qu'avaient prodigués à l'éducation de leurs enfans le Dauphin et la Dauphine, et aux fruits heureux qu'ils avaient dû produire. Bientôt en effet le nouveau Dauphin se montra disposé à marcher sur les traces de son père, et à réaliser ses projets pour le bonheur des

Français. Une pureté de mœurs irréprochable, un attachement sincère à la Religion, une horreur marquée pour la flatterie, une franchise qui s'annonçait même par des formes sévères, telles étaient les heureuses qualités que les amis du bien remarquaient avec joie dans l'héritier du Trône, et qui n'auraient dû effrayer que cette classe d'hommes légers et corrompus, poison des Cours, et fléau des Peuples, toujours prête à s'emparer des Princes, pour profiter de leurs faiblesses. D'ailleurs l'étude suivie des sciences et des arts, et de louables habitudes de bienfaisance ajoutaient encore aux sentimens d'amour et de respect qu'inspirait aux Français la jeunesse du Dauphin.

Cependant la politique préparait une alliance qui, selon les calculs trompeurs des hommes, devait terminer de trop sanglantes querelles; et l'union d'une Princesse d'Autriche avec le Dauphin de France promettait, ce semble, à l'Europe de longues années de calme et de repos. La fille de Marie-Thérèse avait hérité de plusieurs des qualités brillantes de sa mère, qui n'ambitionnait rien tant que de lui voir mériter l'estime et l'amour de son époux et des Francais. Bientôt elle abandonne la capitale de l'Autriche : mais (ô douloureux pressentiment de sa cruelle destinée !) arrivée à Lintz « partout ailleurs qu'en France ! » s'écrie-t-elle ; et ce ne fut qu'avec peine que l'on put vaincre ses résistances et la déterminer à continuer le voyage. Néanmoins elle est amenée à Versailles ; et qui ne prit part alors à la joie si pure de ce couple auguste, heureux de ses vertus, heureux encore de l'ivresse générale ?

Mais hélas ! Messieurs, le ciel l'avait déjà résolu : il ne devait plus y avoir pour Louis et Antoinette de bonheur sans mélange. Les fêtes pompeuses de leur hymen vont donc être changées en scènes de deuil, et verront périr une foule de victimes, dans ces mêmes lieux (*)

───────────────
(*) La place Louis XV.

devenus depuis si honteusement célèbres. Mais qui se montra plus sensible à cet affreux accident que le Dauphin et sa jeune épouse ? En vain s'efforçait-on d'éloigner de leur esprit ces tristes souvenirs; ils ne répondaient que par des larmes, et envoyaient aux Magistrats de la capitale tous les secours dont ils pouvaient disposer. Français, c'est aux jours de son bonheur que Louis pleure sur vos maux; et, quand des Français l'auront abreuvé d'amertume, c'est encore sur vous bien plus que sur lui-même qu'il versera des larmes !

Le Dauphin cependant redoublait d'efforts pour faire oublier cette fatale journée par des actes multipliés de bienfaisance. Entièrement étranger aux intrigues de la Cour, il se préparait, sans le désirer, à remplir la place de son aïeul, et, dès qu'il eut appris qu'il était condamné à occuper son trône, défiant et peut-être à l'excès de ses propres lumières, ne voulant que le bonheur du peuple, et craignant de ne pouvoir le procurer, il gémissait sur son sort et sur celui de la France, qui pourtant espérait tout d'un Roi, modèle de vertus; d'une Reine, passionnée pour sa nouvelle patrie; de toute une famille auguste, qui secondait par sa piété et ses bonnes œuvres les nobles vues de son chef.

Toutefois, malgré ces séduisantes apparences de paix et de félicité, les sages ne pouvaient se défendre des plus sinistres alarmes. Ils n'avaient point vu sans inquiétude, depuis la mort d'un habile Ministre (*), l'esprit de licence et de désordre reparaître avec une nouvelle audace; un dégoût superbe de tous les anciens principes travailler tous les membres de la société; le mépris des mœurs et même des bienséances s'autoriser hélas! de trop éclatans exemples; des écrivains célèbres développer tous les germes de corruption dans des ouvrages qui respiraient ou la hardiesse de l'irréligion, ou l'impudence du

---

(*) Le Cardinal de Fleury.

cynisme, ou la fureur de l'indépendance; enfin, les hommes les plus distingués par leur rang, leur état et leur fortune, dédaigner les institutions de leur patrie, exalter imprudemment la liberté de penser et d'écrire, ainsi que le gouvernement d'un peuple voisin, et, maîtres de l'opinion publique, l'attacher aux étendards d'une nouvelle et pernicieuse philosophie.

Telles étaient les plaies secrètes et profondes qui attaquaient les diverses parties du corps social, et que le nouveau Roi était appelé à guérir. Certes si l'on considère attentivement la difficulté d'une telle entreprise, on sera porté à plaindre plutôt qu'à juger avec sévérité le Monarque auquel était échu un pareil héritage. Et en effet, j'ose le demander aux esprits les plus chagrins, était-il au pouvoir d'un seul homme de résister au torrent qui menaçait d'engloutir la société entière, d'accord elle-même avec ses plus perfides ennemis ? combattre de vive force le penchant aux idées nouvelles, c'était peut-être hâter le moment où devait éclater la plus terrible des révolutions. Transiger avec ce même esprit d'innovation, lui céder peu à peu tout ce que l'on croyait pouvoir lui céder, tel était le parti que semblait commander la fierté naturelle de la nation, ainsi que le caractère doux et modéré du Prince, et qui sera pourtant la cause de sa perte: Tant il est vrai qu'il est des circonstances extraordinaires où les intentions les plus pures et les lumières les plus étendues deviennent inutiles pour le salut des peuples, parce que la Providence a résolu de punir leurs fautes par les vertus même de leurs chefs!

Aussi, Messieurs, c'est en vain que le Roi cherche quelque sage et fidèle conseiller, capable de donner une direction plus heureuse à l'esprit du siècle, et d'appuyer ses desseins pour le bonheur de ses peuples, et pour le bien de la Religion et des mœurs. Ce génie conservateur ne s'offrira point aux regards de l'infortuné monarque qui se verra contraint de laisser égarer ses choix sur ceux que lui désigneront l'opinion publique, ou certains rapports souvent trompeurs de sympathie avec son cœur aimant et généreux ; mais qui, soit faiblesse, soit erreur, ne feront que précipiter la dissolution entière de la Monarchie.

Quoiqu'il en soit, Messieurs, ne craignons point d'être justes envers le Roi, et d'attester la droiture de ses sentimens. Hélas ! comme il se plaisait à le répéter lui-même, Louis XVI ne pouvait être heureux que du bonheur de ses Sujets. Il lui fallait se vaincre pour adopter une mesure de rigueur; et jamais au contraire, quelque sacrifice qu'on exigeât de lui, il ne croyait payer trop cher l'amour d'un seul Français. Ce fut donc aussi par l'oubli des troubles et des agitations passées qu'il voulût signaler son avénement au trône. Plein de confiance dans les dispositions de ses Sujets, il rétablit dans tous ses droits un Corps célébre de magistrature, et l'invite à se rallier autour du Prince pour en soutenir l'autorité chancelante.

Mais l'effervescence des esprits, loin de se calmer, ne faisait que s'accroître de jour en jour. Déjà l'on avait peine à reconnaître le caractère national, peu à peu détérioré par d'interminables et amères censures des opérations du Gouvernement, et par ces rêves politiques, si peu assortis à nos mœurs et à nos habitudes. Il semblait que la manie des institutions populaires eût renversé tous les esprits, depuis le moment surtout où la première Monarchie de l'Europe était allée fonder une République dans le Nouveau-monde, oubliant sans doute combien il est dangereux d'apprendre aux peuples qu'il leur est possible de déplacer les anciennes bornes, et de se faire redouter de leurs maîtres.

Le retour de la paix extérieure devait donc être et fut en effet le signal de nouvelles agitations. En vain l'autorité royale s'efforce de déployer quelque vigueur: ses coups, dirigés par les mains d'hommes faibles ou malhabiles ne rencontrent de tous côtés qu'une invincible résistance : et la multitude elle-même s'accoutume à suivre les funestes exemples qu'elle reçoit des classes les plus élevées de la société. Enfin l'on cherche partout des remèdes à des maux soit réels, soit exagérés, soit même imaginaires, et l'on s'accorde à en réclamer un mille fois plus désastreux que tous les maux existans, dans de semblables dispositions des esprits, je veux dire, l'Assemblée des trois Ordres de la Nation. Louis qui n'y voit qu'un moyen de se rapprocher davantage de son peuple, l'embrasse avec transport, et prépare ainsi, sans le vouloir, le triomphe des nouveaux systêmes, et l'anéantissement des anciens principes. Ici commence, Messieurs, une époque à jamais fameuse dans l'histoire des erreurs humaines; mais qui, si elle nous présente un long et affreux tissu de fautes et de malheurs, mettra du moins dans un nouveau jour et les vertus de Louis XVI et toute la beauté de son ame.

C'est sans doute une sorte d'énigme historique, qui fixera long-temps les regards de la postérité, et qu'elle-même n'expliquera qu'à peine, que ce soit précisément sous le règne du meilleur et du plus vertueux des Princes, qu'on ait vu l'autorité royale succomber aux atteintes les plus violentes et les plus soutenues. Des esprits pénétrans prévoyaient depuis long-temps sans doute une partie des malheurs qui devaient affliger la patrie; mais en était-il un seul parmi eux qui eût osé s'arrêter un instant à l'accablante pensée, qu'ils verraient en peu d'années disparaître du sol de la France tout ce qui faisait sa gloire et son bonheur, à commencer par cette antique dynastie, qui semblait n'avoir plus à acquérir sur nous de nouveaux droits : tant l'existence de l'État lui-même semblait liée à la sienne propre !

Et pourtant, tel a été le résultat plus ou moins direct des opérations de cette première Assemblée sur laquelle nous ne préviendrons point le jugement de l'histoire, mais qui cependant, (pouvons-nous en taire l'aveu?) trompa cruellement l'attente de Louis et celle de tous les bons Français. Eh! qui n'eût frémi en voyant les dispositions inquiètes et remuantes de quelques-uns de ses membres les plus distingués, les opinions étranges qu'ils ne craignaient point de manifester, surtout l'indifférence ou le mépris qu'ils affichaient pour la Religion et le Gouvernement de l'Etat? plusieurs, je le sais, ne tardèrent point à expier leurs fautes par d'honorables persécutions, et par d'inutiles efforts, contraires à leurs premières démarches: et combien ils durent alors se reprocher d'avoir si mal répondu aux intentions paternelles du Roi, et aux grands sacrifices qu'il s'empressait de faire, pour ménager tous les intérêts et concilier tous les esprits!

Il fallut donc croire bientôt aux sinistres prédictions de ces hommes que l'on signalait comme partisans des anciens préjugés, comme ennemis des réformes utiles, quand on vit ce Conseil auguste de la Nation que Louis avait appelé avec tant de franchise et de confiance pour s'aider de ses lumières, devenu l'esclave de quelques factieux, puissans en talens corrupteurs et riches en moyens de séductions, ne prétendre à rien moins qu'à renverser tout ce qui existait avant lui, s'arroger le droit de souveraineté, en paraissant le revendiquer pour le peuple, et anéantir dès ce moment la puissance royale et suprême, principe essentiel de tout pouvoir et de toute autorité civile.

Ce n'était pas tout néanmoins : on voulait encore arracher le consentement du Roi à des actes destructifs du gouvernement monarchique ; et la multitude soulevée par des agens perfides se porte à d'odieux excès. Le sang coule ; et, pour en arrêter l'effusion, il n'est besoin, dit-on, que d'une parole du Prince. Dès lors, Louis qui ne peut soutenir l'affreuse idée d'une guerre intestine, s'empresse de céder : il n'est

plus en son pouvoir de résister. Voilà, Messieurs, quel sera constamment le principe de sa conduite au milieu des divers orages qu'il est condamné à essuyer. Quand de nouvelles fureurs auront déchiré son ame sensible : « Non, non, s'écriera-t-il,
» il ne sera pas dit que le sang des Fran-
» çais ait coulé pour ma querelle. Ah!
» que j'aie moins de pouvoir, et qu'ils
» soient plus heureux. » O noble et touchante erreur de son ame royale! Et qui de nous, grand Dieu! oserait donc lui en faire un reproche?

Mais pourrions-nous le croire, Messieurs, si des preuves irréfragables et sans nombre ne nous interdisaient à cet égard le moindre doute? Louis pousse ce généreux abandon de ses propres intérêts jusqu'à renoncer à sa défense personnelle et à celle de son auguste famille. O jour de deuil (*) que nos larmes elles-mêmes ne pourront effacer de nos annales! Le Palais de Versailles est assiégé par une

---

(*) Nuit du 5 au 6 Octobre 1789.

troupe de brigands et de furies : des cris de morts retentissent au milieu des ombres de la nuit, et menacent les jours de la Reine, qui ne se dérobe qu'à peine aux poignards des assassins ; et Louis ordonne à ses gardes fidèles (*) de mourir, s'il le faut, à leur poste, mais d'éviter toute résistance active ; et il se montre avec le calme et l'intrépidité de la vertu à ce peuple égaré qui reconnaît encore son maître, lui répond par des acclamations, et qui, formant autour de lui un sanglant et funèbre cortège, l'entraîne vers la capitale, hors du séjour de ses aïeux qu'hélas ! il ne reverra plus.

Le Roi cependant se flattait que sa présence dans Paris rappellerait ses nombreux habitans à ces sentimens d'amour et de confiance pour leurs Princes, si naturels aux cœurs des Français. Et en effet, il n'y était pas toujours étranger au bonheur : l'intérêt qu'il témoignait à son peuple, ces paroles de franchise et de bonté que

_____

(*) Messieurs les Gardes du Corps.

l'on aimait à recueillir de sa bouche, les vertus de cette tendre famille qui ne songeait plus qu'à le soulager de ses peines, touchaient de temps en temps les ames les plus insensibles, et leur arrachaient des témoignages d'amour et d'enthousiasme, auxquels Louis savait si bien répondre! et c'était dans ces momens trop courts hélas! de calme et de bonheur, qu'il protestait de nouveau de son attachement « pour ce bon peuple, disait-il, qui m'est » si cher, et dont on m'assure que je » suis aimé, quand on veut me consoler » de mes peines. » Mot céleste, et qui ne pourra désarmer ses implacables ennemis!

Bientôt en effet il ne peut se dissimuler qu'on ne le retienne captif dans son propre Palais : il voit une assemblée de Législateurs, convoquée par lui-même pour travailler de concert au bien public, tourner contre sa dignité le pouvoir qu'elle a usurpé; il voit la France entière livrée aux meurtres et aux brigandages, sans qu'il lui soit possible d'en arrêter le cours ; ses plus fidèles serviteurs, indignement persécutés, ou forcés de s'expatrier pour échapper à leurs persécuteurs : il voit enfin, pour comble de douleur, la Religion et ses Ministres devenus l'objet des dérisions et des sarcasmes d'une impiété ouverte et déclarée, et l'Eglise de France menacée d'un schisme par les audacieux Décrets d'une puissance qui s'attribue toutes les juridictions. Que faire dans de telles conjonctures ? frapper un coup d'éclat qui, en terrassant les factieux, pouvait exciter les commotions les plus violentes ; ou chercher un asyle d'où le Roi, devenu libre, pût faire connaître aux Français la pureté de ses intentions, ainsi que l'horreur de sa situation actuelle, rallier autour de lui ses fidèles Sujets, et réparer les maux causés par deux années de troubles et d'insurrection ? Ah ! sans doute le cœur de Louis ne pouvait hésiter à préférer ce dernier parti, le plus doux sans contredit, et qui peut-être aussi lui semblait le plus sûr.

Mais le Ciel, qui ménage au Roi de nouvelles épreuves, ne favorisera point ce déplorable voyage. (*) Des obstacles imprévus en empêcheront la réussite ; ou plutôt l'amour seul du Prince pour son peuple déconcertera ce salutaire projet. Il est reconnu et arrêté. Il ne faudrait que déployer la force un seul instant pour sauver le Roi, et le Roi ne pourra se résoudre à le vouloir.

Le voilà donc remis entre les mains de ses persécuteurs qui, toutefois timides encore jusques dans leur audace, se contenteront de mettre le sceau à leur triomphe, en exigeant son assentiment à une charte éphémère, presque aussitôt violée et déchirée. Louis (**) ne se dissimule point l'insuffisance du pouvoir qu'elle lui confère, pour imprimer le mouvement à tout un vaste empire. Cependant il con-

―――――――――

(*) Le Voyage de Varennes.

(**) Paroles du Roi.

sent d'abandonner à l'expérience le jugement des diverses opinions, et s'engage à l'observation d'un pacte qui ne lui laisse que le titre de Souverain.

Eh bien! Messieurs, ses cruels pressentimens ne seront que trop tôt justifiés par l'expérience elle-même. En vain le Roi veut sincèrement maintenir la constitution qu'il a promis de faire observer : les nouveaux Législateurs, qui devraient s'en montrer les défenseurs les plus ardens, conspirent déjà pour la détruire : tant le simulacre même de la Royauté importune leurs regards jaloux! A peine ont-ils occupé la place de leurs prédécesseurs, qu'ils s'empressent d'outrer leurs principes ou d'en développer toutes les conséquences. Des lois barbares sont portées contre des infortunés auxquels on ne saurait reprocher qu'une expatriation commandée par la terreur, ou le refus d'un serment qui outrage la conscience. Mais Louis se montrera inébranlable, et soutiendra également la cause de la Religion et celle de l'humanité. Eh bien! pour le punir de cette opposition, ses ennemis précipiteront vers son Palais (*) une multitude armée d'instrumens de mort, qui commencera le supplice et le triomphe du Roi et de sa famille. Toujours ferme, toujours fort de sa conscience, il attendra les assassins, et les verra sans pâlir. « L'homme » de bien, leur dira-t-il, ne tremble jamais. » Puis, adressant la parole à l'un des braves qui partagent ses dangers : « Mets ta main sur mon cœur, et dis-leur » s'il bat plus vîte qu'à l'ordinaire. » Courage sublime, inspiré sans doute par le ciel, et qui cette fois du moins reculera l'instant du sacrifice.

Mais déjà la faction qu'irrite le mauvais succès de ses complots, et qui a juré de ne point laisser échapper sa victime, ourdit une nouvelle trame, et prépare d'autres moyens d'arriver à son but. Il est donc résolu que la demeure royale sera de nouveau envahie, que dis-je? sera, s'il

---

(*) 20 Juin 1792.

le faut, foudroyée. (*) A mesure qu'approche le terme fixé, les fureurs des démagogues redoublent, et les fidèles serviteurs du Roi s'empressent de se ranger autour de lui. Sans doute, leur intrépide valeur pouvait encore suppléer au nombre, et confondre les projets de leurs ennemis. Mais Louis croit entrevoir un moyen de salut qui ne coûtera point de sang aux Français, et il se rend avec la Reine, son inséparable sœur et ses deux augustes enfans au sein de cette Assemblée, qui ose se dire celle des Représentans de la Nation, mais qu'aujourd'hui surtout la Nation désavoue hautement; de cette Assemblée, qui ne craint point de briser le Sceptre de son Roi, et d'ordonner sa captivité, pour le remettre à ceux qui bientôt.... Mais n'anticipons point sur ces cruels instans, et préparons-nous à contempler avec une religieuse admiration l'un des plus hauts spectacles qu'ait jamais offerts aux hommes la vertu malheureuse.

(*) Journée du 10 Août 1792.

Si je n'écoutais, Messieurs, que le cri d'une sensibilité pusillanime, j'hésiterais à fixer vos yeux et les miens sur le sombre tableau qu'il me reste à achever, content de vous abandonner à vos réflexions et à vos souvenirs. Mais quoi! Louis va déployer un courage si grand, si mâle, si religieux; et nous manquerions de force pour soutenir la seule vue de ses tourmens. Ah! loin de nous une pareille faiblesse, que l'on serait presque tenté de confondre avec l'indifférence et la froideur! Osons donc nous enfoncer avec le Roi dans cet abime de douleurs, pour les partager du moins quelques instans, et apprendre de lui à connaître les solides et véritables consolations.

Représentez-vous donc, s'il est possible, Messieurs, un Prince essentiellement bon, honnête et sensible, qui, se repliant sur lui-même, et s'examinant avec une inflexible sévérité, ne saurait pourtant se reprocher un seul désir, une seule pensée contraire à l'intérêt de son peuple, et qui, pour prix de tous les sacrifices qu'il a cru devoir faire à ce même peuple, se voit précipité du premier trône de l'Europe dans une étroite prison, que partage une famille également innocente et vertueuse; attendant avec la plus cruelle incertitude l'issue d'évènemens presque sans exemple; chaque jour outragé, humilié, insulté jusques dans ses affections les plus chères ; enfin, instruit par le passé de tout ce que lui promet l'avenir; et concevez de quel incroyable degré de patience et de résignation sera doué cet infortuné Monarque, s'il ne succombe sous ce poids énorme de peines de tout genre qui serrent et déchirent son ame à tous les instans.

Y succomber, Messieurs! j'oubliais donc que je vous parle ici d'un héros chrétien. Oui, sans doute, Louis était chrétien, et l'avait toujours été. Mais combien depuis quelques années ressentait-il plus que jamais le besoin de s'attacher aux grands principes qui n'avaient point cessé de diriger sa conduite ! Et d'ailleurs l'homme même le plus indifférent n'eût-il point été ramené à ces mêmes principes par la seule présence de cet ange de paix et de vertu, de cette pieuse Elisabeth qui s'était attachée au sort de Louis avec une héroïque fermeté? Ainsi le Roi, qui n'a plus rien à espérer de la part des hommes, se tourne tout entier vers le ciel, et va chercher auprès d'un Dieu, l'asile du malheur, cette force et cette constance qui le soutiendront pendant plusieurs mois d'une cruelle captivité. La prière, l'étude, l'éducation de son fils vont désormais partager ses instans, et adoucir ses maux.

Ah! que de telles consolations lui devenaient nécessaires! Hélas! quelques jours se sont à peine écoulés depuis qu'il est renfermé dans sa nouvelle prison; et que les sanglantes horreurs de Septembre (*) viennent porter dans son ame les angoisses et l'effroi qui règnent dans Paris. C'est peu : il apprendra que ses malheureux

_____

(*) 2 et 3 Septembre 1792.

sujets vont être désormais soumis aux tyranniques volontés d'une troisième Assemblée, prétendue nationale, qui, pour préluder à une longue suite d'attentats, a déclaré par un acte solennel *la Monarchie Française abolie*, et remplacée par un gouvernement anarchique, jusques-là sans modèle dans l'histoire des hommes et dans celle de leurs crimes.

Enfin le jugement du Prince est décrété par l'assemblée usurpatrice du pouvoir. Louis l'apprend, et dès-lors il est convaincu que sa mort est jurée. Toutefois il se soumet aux ordres du Ciel, s'efforce d'inspirer à sa famille la même résignation, et la prémunit d'avance contre les terribles assauts qu'elle aura à soutenir. S'il éprouve de rigoureux et indignes traitemens, il les oublie avec les noms de leurs auteurs pour ne se souvenir que des marques d'intérêt et de sensibilité qu'il reçoit de quelques Français dignes de ce nom. Mais ce qui contriste profondément son ame, (*) ce sont ces horribles blasphèmes, ces professions publiques d'athéisme, émises par des hommes appelés, disaient-ils, à régénérer la France. Ah ! voilà le coup le plus sensible au cœur religieux de Louis, et qui le fait gémir mille fois sur le sort de son peuple.

Eh bien donc ! il le boira jusqu'à la lie, ce calice d'amertume que le Ciel lui a préparé, et qui doit lui mériter la couronne immortelle du martyre. Louis sera *jugé par ses accusateurs*; et, pour leur épargner de nouvelles violences, il ira volontairement soumettre devant des sujets rebelles ce front auguste, dépouillé du diadême royal, mais saintement consacré par la vertu et le malheur. Il paraît donc au milieu d'eux ; et la simplicité toujours noble de ses réponses, leur précision et leur

---

(*) Dès avant la mort de Louis XVI, quelques membres de la Convention se déclarèrent publiquement Athées.

justesse, en attestant le calme et l'innocence de son ame, ne feront point rougir ceux qui osent se dire ses juges. Oui, Messieurs, si, dans une circonstance toute semblable, et subissant aussi un infâme interrogatoire, l'infortuné Stuart (*) me donne la plus haute idée de la majesté royale, Louis me semble ici l'image la plus vraie du divin modèle qu'il lui fut donné de retracer aux yeux des plus impies de tous les hommes.

Cependant on daigne lui permettre de se choisir un Conseil, qu'il chargera du soin de sa défense. Le Roi accepte, je ne dirai pas ce moyen de salut (il sait trop qu'il ne doit plus s'en flatter), mais l'occasion qui se présente de détromper peut-être quelques Français aveuglés et prévenus ; car il ne fut jamais indifférent à son cœur de compter un ami de plus. Mais quelle douce consolation lui était

(*) Voyez dans les Historiens Anglais la réponse de Charles I.er à ses Juges.

réservée, quand il vit accourir dans ses bras ce vénérable vieillard, si recommandable par la simplicité de ses mœurs et par la beauté de son ame, et qui dut effacer par cet acte de courage et de vertu, bientôt suivi d'une honorable mort, tout ce que pouvaient lui reprocher peut-être les défenseurs de la Religion et du Trône! Oui, Malesherbes n'a plus qu'un souffle de vie; et, converti sans doute à la sublime philosophie de Louis, deux fois encore il le donnera pour son Roi! Le dévouement du vertueux Magistrat trouve de dignes imitateurs; et nous nous croyons heureux de pouvoir offrir encore aujourd'hui l'hommage de notre reconnaissance au célèbre et courageux orateur (*) qui, presque seul, osait alors exprimer les vœux et s'acquitter des devoirs de tous les cœurs français.

Vains efforts! et, malgré la glorieuse résistance de quelques-uns de ses membres,

(*) Monsieur Desèze.

l'inique tribunal, gouverné par la haine ou commandé par la terreur, s'irrite des délais que l'on oppose à la consommation de son crime. Au reste, Louis, qui a tout prévu, ne songe plus qu'au jugement de Dieu et à celui de la postérité. Il se recueille encore plus profondément en lui-même, se dispose au dernier moment par tous les actes religieux laissés en son pouvoir, relit chaque jour les saintes prières que l'Eglise destine à la consolation des mourans, et consigne ses dernières volontés dans cet immortel testament, qui doit servir pour toujours à l'instruction des Rois ; hommage sublime, rendu à la Religion chrétienne, et qu'elle seule pouvait inspirer !

Que ne m'est-il permis, Messieurs, de vous le remettre ici sous les yeux, ce monument de la plus haute vertu (*),

---

(*) Les derniers avis de saint Louis mourant à son fils et le testament de Louis XVI mé-

si souvent trempé de vos larmes, et que Louis XVIII (Français ! vous l'avez entendu de sa bouche) veut avoir sans cesse présent à sa pensée ? Mais écoutez du moins ces simples et belles paroles, où se peint toute entière l'ame d'un Bourbon : « Je
» prie tous ceux que je pourrais avoir of-
» fensés par inadvertance, (car je ne me
» rappelle pas d'avoir fait sciemment au-
» cune offense à personne), de me pardon-
» ner tout le mal qu'ils croient que je peux
» leur avoir fait.... Je pardonne de tout
» mon cœur à ceux qui se sont faits mes
» ennemis, sans que je leur en aie donné
» aucun sujet, et je prie Dieu de leur
» pardonner.... Je recommande à mon
» fils, s'il avait le malheur de devenir
» Roi, de songer qu'il se doit tout en-
» tier au bonheur de ses concitoyens,

---

ritent d'être comparés. Voilà, ce me semble, entre mille autres, les deux plus beaux titres de l'auguste famille des Bourbons au Trône que la Providence lui a rendu.

» qu'il doit oublier toutes haines et tous
» ressentimens, et notamment tout ce
» qui a rapport aux malheurs et aux cha-
» grins que j'éprouve. » N'ajoutons rien,
Messieurs; la vertu elle-même a parlé:
malheur à celui qui pourrait ici mécon-
naître sa voix!

  L'arrêt impie est prononcé. Malesherbes
n'a pu l'apprendre à son Roi que par ses
larmes et ses sanglots ; et Louis s'est jeté
dans ses bras avec joie, et Louis en a rendu
grâces au Ciel ! Non, Messieurs, il n'y avait
que la Religion qui pût élever cette grande
ame à une pareille hauteur, et lui ouvrir
l'asyle de l'éternité au moment où tout
lui échappait sur la terre. Et c'est elle
seule encore qui le soutiendra dans les
cruelles attaques que va livrer la na-
ture au cœur du père, de l'époux, du
frère le plus tendre. N'essayons point de
décrire ces affreux momens ; ce n'est
qu'à l'auguste Fille des Rois qu'il appar-
tiendrait de peindre dignement ce terrible

combat de la Religion et de la douleur, que rappellent à l'ame des Français, avec un inexprimable mélange d'attendrissement et d'amertume, la seule vue de Thérèse et le souvenir de ses longues et saintes souffrances.

Louis s'arrache donc pour la dernière fois des bras d'Antoinette, et va puiser un nouveau courage auprès du Ministre sacré qui doit recueillir ses derniers sentimens et ses dernières pensées. Après avoir reçu l'humble aveu de ses fautes, le vénérable Prêtre se dispose à célébrer, dans la prison même de Louis, et au milieu de la dernière nuit qu'il doit passer ici-bas, nos augustes et consolans mystères. Le Roi unit d'avance son sacrifice à celui de J. C.; il participe à l'Hostie sainte, et se pénétre dans cette dernière communion d'une joie céleste qui éclate jusques sur ses traits. Puis il s'endort d'un sommeil calme et profond, s'éveille à l'heure accoutumée, et se prépare avec la tranquillité du juste à marcher au lieu de l'immolation. O vous qui ne croyez point à la vertu, contemplez tour à tour et la victime et les bourreaux ; comparez la paix qui régne dans l'ame de Louis avec le trouble et l'agitation de ses ennemis ; et dites-nous ensuite si la vertu est un rêve, et la conscience un préjugé!

L'heure fatale est arrivée. *Partons*, dit Louis à ceux qui l'entourent; c'est le dernier acte de sa puissance royale. Accompagné du Ministre de J. C., soutenu de ses avis, l'esprit et les yeux fixés sur les saints Cantiques du Roi-Prophète, il arrive au théâtre de sa gloire et de notre honte, présente ses mains à d'indignes liens, et s'avançant d'un pas ferme sur l'échaffaud : « Français, s'écrie-t-il
» d'une voix forte, je meurs innocent;
» je pardonne à mes ennemis; je souhaite
» que ma mort.... » Il n'en put dire davantage.... Déjà la victime est attachée sur l'autel ; le glaive régicide frappe, le

sacrifice est consommé, et (*) LE FILS DE SAINT LOUIS MONTE AU CIEL.

Chrétiens, il est temps de faire succéder à l'hymne funéraire les cantiques de joie et les chants du triomphe. Eh quoi ! n'avez-vous pas reconnu dans ce long enchaînement de douleurs sans mesure, endurées avec une patience surnaturelle, et terminées par une fin si glorieuse, n'y avez-vous pas reconnu, dis-je, le propre et inimitable caractère des élus et des saints ? Ne l'y avait-il pas aussi reconnu ce Pontife (**) d'honorable mémoire, immolé aux fureurs de l'impiété triomphante, lorsque, dans une circonstance solennelle, il exprimait publiquement le désir de voir le nom de Louis XVI suivre le nom de Louis

───────────

(*) Il semble qu'on ne puisse attribuer qu'à l'inspiration ces mots sublimes du Confesseur du Roi : » Fils de Saint Louis, montez au » Ciel. »

(**) Pie VI, arraché de Rome, et traîné en France, où il mourut.

IX dans nos fastes sacrés ? Osons donc espérer, Chrétiens, qu'un jour l'autorité de l'Eglise appuiera de son suffrage notre confiance et nos hommages privés.

Mais est-ce le Roi lui seul que nous devons féliciter de son heureuse délivrance ? Français, que la seule pensée du plus noir de tous les attentats fait frémir sur le sort de votre infortunée patrie, consolez-vous : l'Eternel a préparé dans ses conseils un miracle de sagesse et de clémence. Il a dit : « Louis n'est plus, » et la France est sauvée : Sa mort est » l'holocauste offert en expiation des cri- » mes de son peuple ; et qui doit le récon- » cilier avec le Ciel. »

N'en doutons point, Messieurs ; la France sera sauvée, mais après avoir traversé un abîme de maux, mais après que de nouveaux forfaits auront rejoint à l'auguste Monarque et sa digne épouse, toujours grande ; toujours fille des Césars, et son angélique sœur, et cette tendre victime qui ne connut de la vie que ses tourmens, de la Royauté que ses malheurs.

Enfin la France sera sauvée, mais après avoir vu succéder à une dévorante anarchie tous les excès d'un pouvoir arbitraire, qui, pour premier essai de son autorité, se portera à un nouvel attentat contre les restes précieux de la dynastie des Bourbons, contre le fils des héros, capable de faire un jour comme eux l'orgueil de la France. Toutefois, ô brave et jeune d'Enghien, ta mort fut aussi pour nous, j'ose le dire, un signe de salut; car dès lors sans doute les sages prévirent qu'il cesserait bientôt ce scandale d'une Puissance qui ne s'élevait au Trône qu'en outrageant, dans l'un des descendans de Condé, la gloire même de la Patrie.

Mais c'est aujourd'hui surtout que nous pouvons le dire avec confiance : oui, la France est sauvée. C'est dans ces jours de merveilles que le sang de tant de martyrs de la Religion et de l'honneur a entièrement appaisé la colère du ciel. C'est donc aujourd'hui surtout que Dieu attend de nous des actions de grâces proportionnées au bienfait, que nous devons tous ensemble le conjurer d'achever l'ouvrage, sur lequel il a imprimé d'une manière si visible le sceau de sa toute-puissance.

Ministres Saints, achevez donc l'auguste sacrifice, seul capable de reconnaître cet immense bienfait. Offrez-le moins encore pour Louis, et ces autres royales victimes, maintenant prosternées, nous osons le penser, devant le Trône éternel de l'Agneau, que pour la France entière, que pour la réunion de tous les Français dans le même esprit et les mêmes sentimens. Ah! que cette solennité lugubre devienne donc à l'instant même la fête de la Réconciliation: réconciliation avec le Dieu des chrétiens, si long-temps méconnu et outragé parmi nous : réconciliation mutuelle, réciproque et parfaite, par l'extinction entière de tous les ressentimens, de tous les désirs de vengeance. Non, je ne veux plus voir aujourd'hui sur le sol de la Patrie que les enfans de Louis XVI, pénétrés de douleur ou de repentir; que les enfans de Louis XVIII, remplis d'amour et de dévouement pour le plus tendre des pères, qui nous embrasse tous dans ses vives affections, et qui, après nous avoir déjà délivrés de tant de maux, ne demande au Ciel que de pouvoir nous combler de biens.

Guerriers, Magistrats, Citoyens de toutes les classes et de toutes les conditions, nous tous enfin, qui que nous soyons, désormais purement et véritablement Chrétiens et Français, unissons-nous étroitement sous le double étendard de la Croix et des Lis; et rien ne manquera plus à notre bonheur; et la paix, la concorde, le retour des anciennes mœurs y mettront le comble; et si quelquefois encore nous nous reportons par nos souvenirs vers les jours de nos égaremens et de nos douleurs, ce ne sera plus sans doute pour fomenter les haines et réveiller la fureur des partis, mais seulement pour apprendre à nos enfans à s'éloigner des voies trompeuses où s'étaient égarés leurs pères, et à respecter et chérir, instruits par notre expérience, les deux plus sûrs garans du salut de la Patrie :

DIEU ET LE ROI.

www.ingramcontent.com/pod-product-compliance
Lightning Source LLC
Chambersburg PA
CBHW060945050426
42453CB00009B/1140